AF229986

# ADRESSE

## À L'ASSEMBLÉE NATIONALE

SUR LA NÉCESSITÉ

DE

RÉORGANISER LES ATELIERS DE COUTURE

EN FAVEUR DES FEMMES PAUVRES.

# ADRESSE

# A L'ASSEMBLÉE NATIONALE

## SUR LA NÉCESSITÉ

DE

## RÉORGANISER LES ATELIERS DE COUTURE

### En faveur des Femmes pauvres,

« Si les hommes se donnaient des
« maîtres, ce ne seraient ni les plus
« nobles ni les plus vaillants ; ce seraient
« les plus miséricordieux, les plus hu-
« mains, les plus bienfaisants, les plus
« tendres, des maîtres qui fussent en
« même temps leurs pères. »

(MASSILLON.)

**PARIS.**

Au Siège du Comité, rue Notre-Dame-de-Nazareth, 13.

1848.

# ADRESSE
# A L'ASSEMBLÉE NATIONALE

### SUR LA NÉCESSITÉ

#### DE

## RÉORGANISER LES ATELIERS DE COUTURE

### En faveur des Femmes pauvres.

> « Si les hommes se donnaient des maîtres, ce
> « ne seraient ni les plus nobles, ni les plus vail-
> « lants qu'ils choisiraient ; ce seraient les plus mi-
> « séricordieux, les plus humains, les plus bienfai-
> « sants, les plus tendres, des maîtres qui fussent
> « en même temps leurs pères. »
>
> (MASSILLON.)

CITOYENS REPRÉSENTANTS,

Vous êtes les élus de la nation ; par le suffrage uni-
versel tout pouvoir vous a été délégué ; vous êtes les
maîtres que les hommes se sont donnés, et votre
constante sollicitude pour tout ce qui a rapport à l'amélioration du sort de ceux qui souffrent, est un sûr
garant que vous justifierez la prévision du prédicateur
illustre dont nous avons emprunté les paroles.

Mais c'est un rude labeur que vous avez à accomplir, Citoyens Représentants : il est plus difficile de faire le bien selon la parole de Dieu, que d'étouffer les gémissements et les délires de la faim, que de fermer l'oreille aux supplications de la misère, que d'éteindre même l'incendie, qui, après avoir couvé sous les haillons, éclate au souffle impur des mauvaises passions.

Au nombre des obstacles que vous avez à surmonter, il en est un surtout qui se reproduit incessamment : c'est la démoralisation de ceux-là même dont vous voulez adoucir le sort, c'est la perversité des idées de la population ouvrière.

Vous le savez mieux que nous ne pouvons l'exprimer ici, Citoyens Représentants, le bien du peuple ne se produit que par le développement progressif et simultané de la moralité et de la position matérielle.

La famille est la base naturelle de toute moralité.

Les principes de la moralité sociale ressortent de l'instruction religieuse (*Amour de Dieu et du prochain. Fraternité*). L'ordre et le sentiment de la dignité humaine en sont les manifestations.

La propriété, ou jouissance inviolable des fruits du travail, est la base naturelle de tout bien-être matériel.

Le travail donne le pain de chaque jour, le travail et l'ordre assurent le pain du lendemain, premier rudiment de la propriété.

Les désastreux événements qui viennent de répandre la consternation dans toute la France, ont imposé à l'autorité suprême la nécesité de prendre des mesures de sureté générales, qui doivent avoir pour résultat infaillible de rétablir la confiance dans un avenir prochain, et consolider le triomphe de saines idées républicaines. La dissolution des Ateliers nationaux était devenue, en ce qui concerne les hommes, un des besoins les plus urgents, puisque cette organisation, faussée peut-être dans son principe, paraissait être une menace permanente d'insurrection, un foyer ardent de passions subversives, un asile pour la paresse, une école d'immoralité et de dégradation, parce que le travail n'étant qu'un nom, sa rétribution n'était qu'une aumône perçue sous l'influence d'une pression.

En était-il de même des Ateliers de Couture ouverts

en faveur des femmes? nous ne le croyons pas, si nous considérons que dans ces Ouvroirs, un travail sérieux et productif y était accompli. Que les femmes, au nombre de près de 20,000, qui, dans ces temps de chômage général, venaient concourir à ce travail, tout en recevant une rétribution bien minime, pouvaient se glorifier de n'être point aviliers par un secours gratuit; que beaucoup d'entre elles y perdaient les pernicieuses habitudes d'oisiveté, qui démoralisent la famille, dégradent le corps et l'esprit, et font pénétrer dans les masses l'abrutissante insouciance que la misère engendre (1).

L'organisation du travail affecté aux femmes laissait, peut-être, beaucoup à désirer; mais, si on envisage les importantes améliorations que plusieurs gérants d'ateliers s'efforçaient d'y apporter chaque jour, on ne peut nier qu'en peu de temps les résultats en eussent été des plus satisfaisants.

_______

(1) Plusieurs Commissaires de police ont constaté que le nombre des femmes déclarées à la police, était avant l'ouverture des Ateliers de Couture, dans la proportion de 5 à 6 par semaine, et dans le courant des deux derniers mois qui ont précédé la fermeture de ces Ateliers, ces déclarations étaient diminuées des 9/10$^{mes}$.

Le principe était excellent, les moyens d'application tendaient à un perfectionnement sensible, et si nous pouvons établir par des chiffres que l'État peut y trouver avantage sous les divers rapports de la moralité et d'une plus grande somme de bienfaits à répandre, au point de vue de l'amélioration matérielle des familles pauvres, tout en diminuant d'une manière notable la somme des sacrifices que le paupérisme rend indispensable, nous croyons devoir espérer, Citoyens Représentants, que vous voudrez bien revenir sur une décision qui n'a été prise, en ce qui concerne le travail des femmes, que faute d'avoir été soumise à une préalable discussion.

Si l'état actuel de stagnation des affaires commerciales devait se prolonger, si on ne pouvait espérer que dans peu de temps l'industrie privé rappellerait à elle plus des quatre cinquièmes des ouvrières obligées de recourir aux ateliers de secours, on pourrait craindre que la masse des produits ne pût s'écouler assez facilement, et que les sommes affectées à ces travaux ne devinssent une charge par trop onéreuse à l'État ; mais si on considère que le travail offert, tout en étant rétribué convenablement, c'est-à-dire à sa valeur réelle, ne serait pas assez abondant pour le rendre préférable à celui que peut offrir l'industrie privée, on peut, dès à présent, se rendre un compte exact des sacrifices à faire dans les temps de crise, et de ceux que l'état normal des affaires rendrait en quelque sorte permanents.

Le nombre de femmes employées dans les ateliers, a été au maximun de 22,000. Il est présumable que déjà, grâce à la sécurité et à la confiance qui tendent à renaître, ce nombre doit être beaucoup moindre.

Nous le supposerons encore de 20,000.

Le travail à procurer occasionnerait en moyenne une avance par jour, pour objets de confection civile et militaire, et notamment en lingerie,

Savoir :

Achat de matières premières. . . . . . . . . . 30,000 f.

Frais généraux, tels que location, entre-
tien et amélioration du matériel, appointe-
ments aux gérants, employés, et rétribution
du travail sur la base primitivement adoptée. 14,000

Total. . . . , . . . . . . . . . . . . 44,000

Le produit, également évalué en moyenne, peut être de 20,000 objets confectionnés par jour. Ils représenteraient la matière première pour les sommes ci - dessus énoncées ................................ 30,000

Pour prix de confection............... 14,000

Pour la plus value donnée à chaque objet confectionné, déduction faite de l'intérêt à 5 0/0 des sommes avancées pour 6/m au maximum............................ 2,020

Total.................. 46,020

Différence en bénéfice par jour........ 2,020

Il est évident que ces chiffres sont établis sur une proportion telle que les résultats deviendraient chaque jour meilleurs, par suite des économies à introduire dans l'administration, et aussi par suite du choix des employés, dont les attributions devraient toujours être en conformité avec leurs connaissances spéciales. Il est également certain que le chiffre de l'avance à faire par l'état, tendrait à diminuer chaque jour, et qu'on arriverait à n'avoir plus que la masse flottante des ouvrières en état de chômage momentané à entretenir de travail, et dont on peut fixer la moyenne à 4,500 femmes.

Il nous reste à examiner maintenant si la consommation peut être en rapport avec la masse des produits de nos ateliers.

En nous basant toujours sur le maximum de la production, et en prenant pour type les produits qui sont d'une consommation usuelle, tels que peuvent être les objets de lingerie, pantalons ou chemises, etc., on obtiendrait en six mois, ou cent cinquante jours de travail, 3,000,000 d'objets confectionnés, qui seraient facilement absorbés par les divers services publics (1), et au besoin, par la vente aux exportateurs, qui trouveraient avantage à les acheter, puisqu'en réalité l'administration leur offrirait à environ 6 0/0 de bénéficiation, représentant la moitié du minimum des bénéfices pré-

---

(1) L'armée, les prisons, les hôpitaux, les bureaux de bienfaisance, etc.

levés par les entreprises soumissionnées, alors que l'autre moitié serait toute au profit des ouvrières, qui en réalité auraient un avantage de 50 0/0 pour leur travail.

C'est en considération de l'exposé ci-dessus que nous venons vous supplier instamment de décréter la réorganisation des ateliers de couture, destinés à venir en aide à la population la plus intéressante de la classe ouvrière, en ce qu'elle est surtout l'âme de la famille.

Les exposants, si vous daignez les y autoriser, Citoyens Représentants, offrent de vous présenter leurs vues et moyens, pour, sous la haute surveillance de Monsieur le Ministre des Travaux-Publics, organiser et diriger les ateliers dans le but humanitaire qu'on doit se proposer en une telle occurence.

Dans l'espoir que vous voudrez bien prendre cette adresse en considération, en raison surtout du bien positif qui doit résulter de votre décision.

Les soussignés, ex-gérants et employés des ateliers, ont l'honneur de se dire vos tous dévoués concitoyens;

BONARD, VALINCOURT, FABRY, BADEUILLE, LE CORNEY, PONCET, AUBERT, JAMINET, MARCHAL, VASSEUR, ACHNITRE, LAGARDÈRE, LIGODIÈRES, BELLOMY, LEBÈGUE, A. VALLIER et DULAC.

BOTIAU.·., Secrétaire de la Commission.